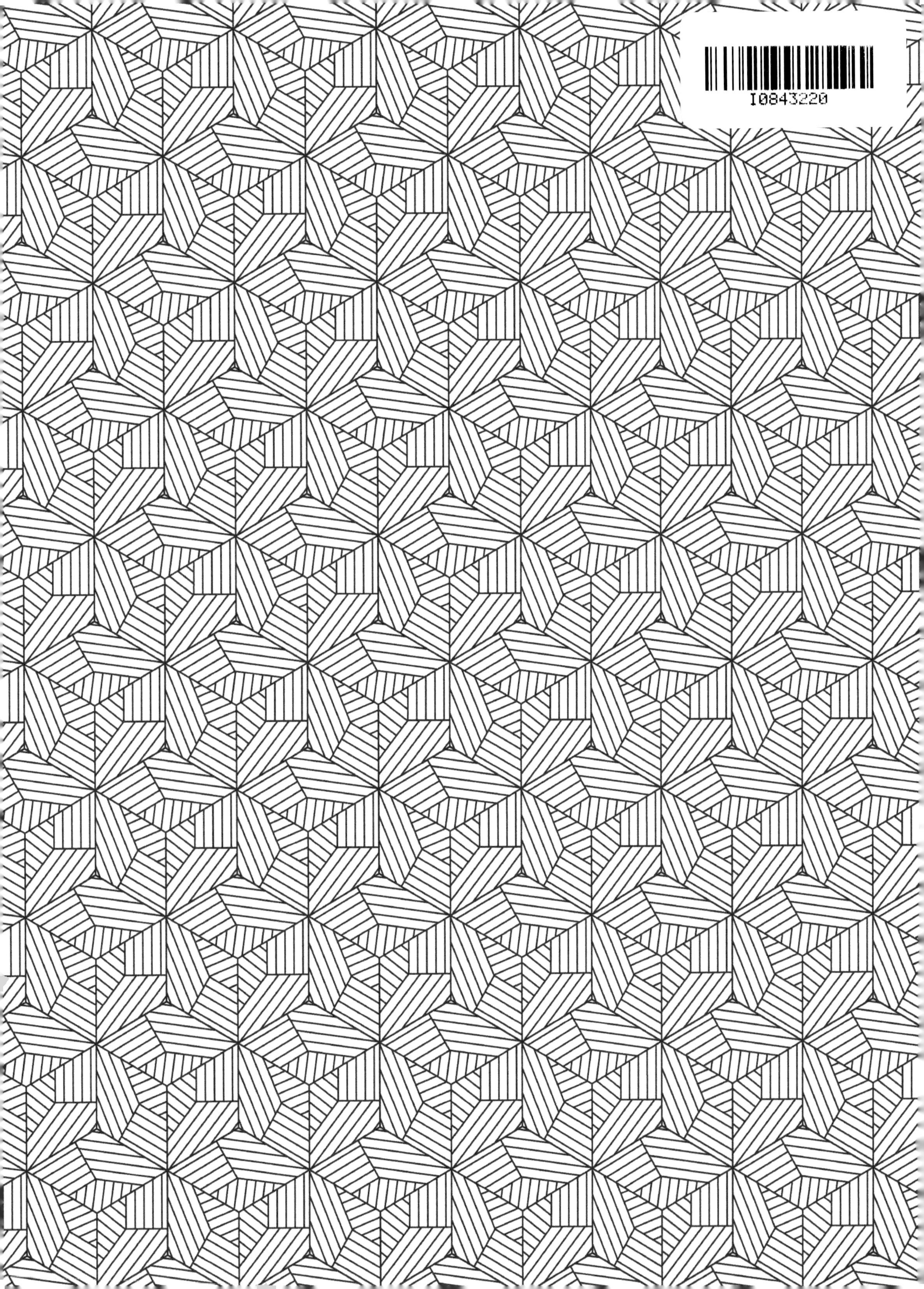

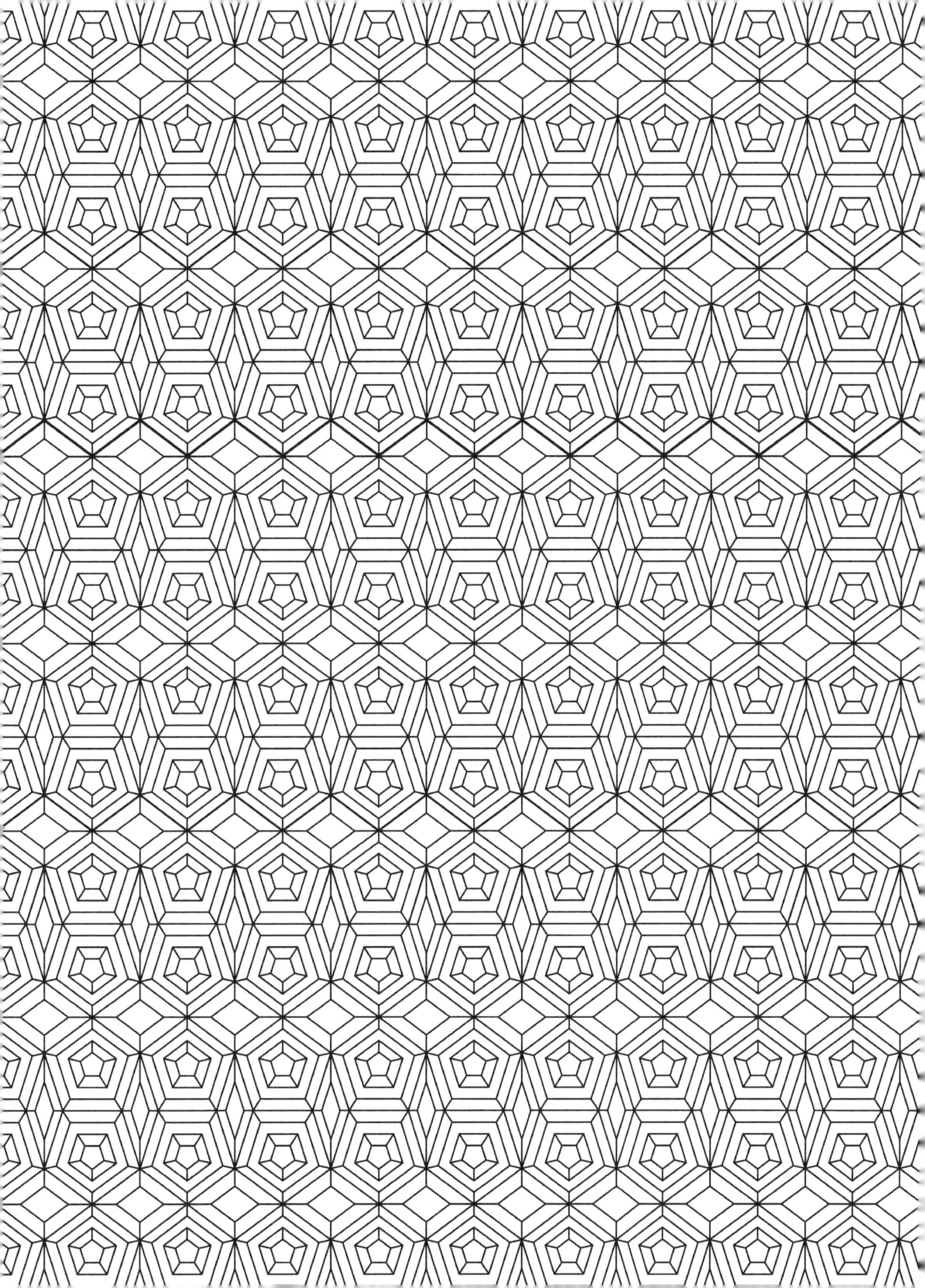

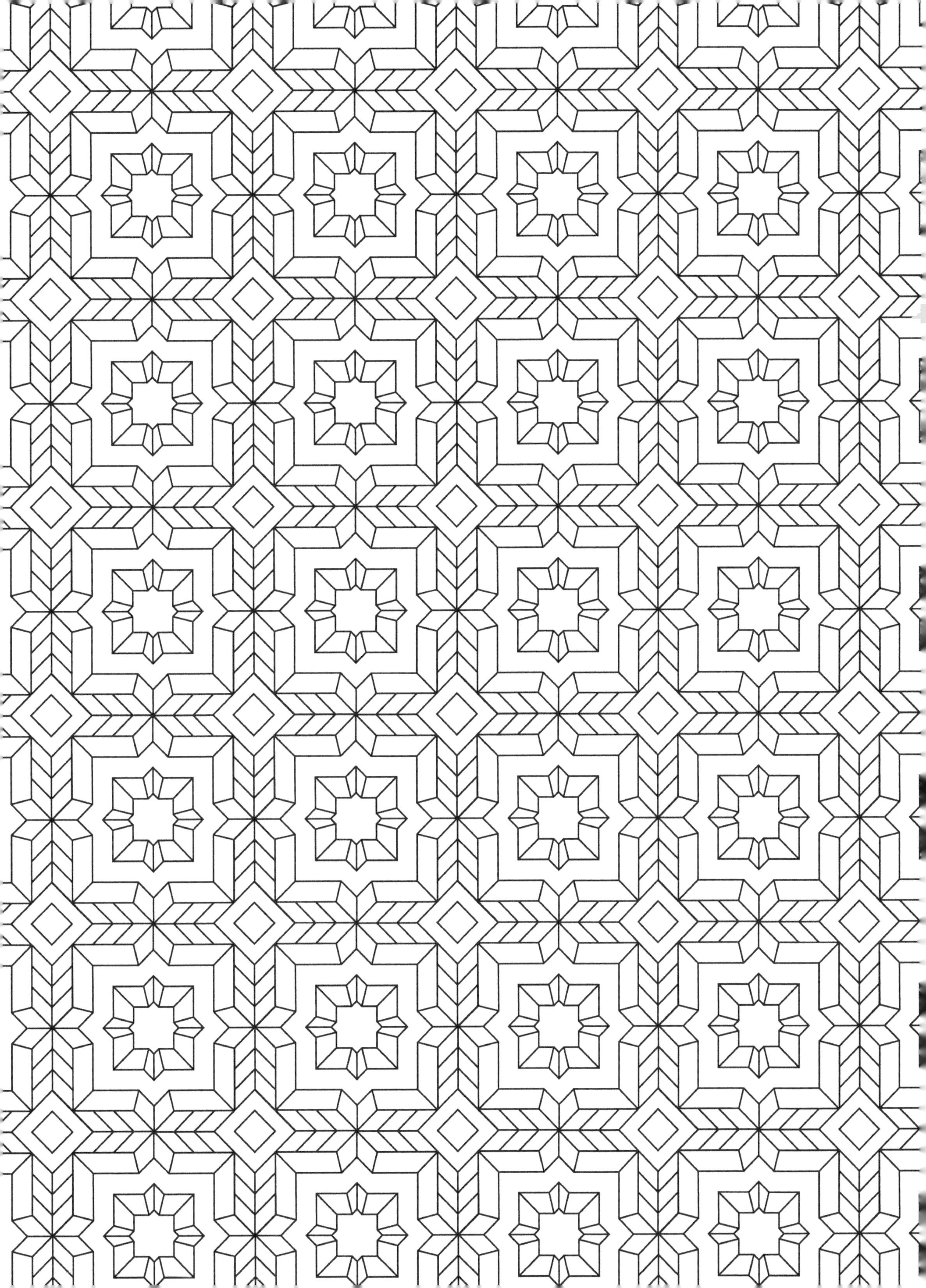

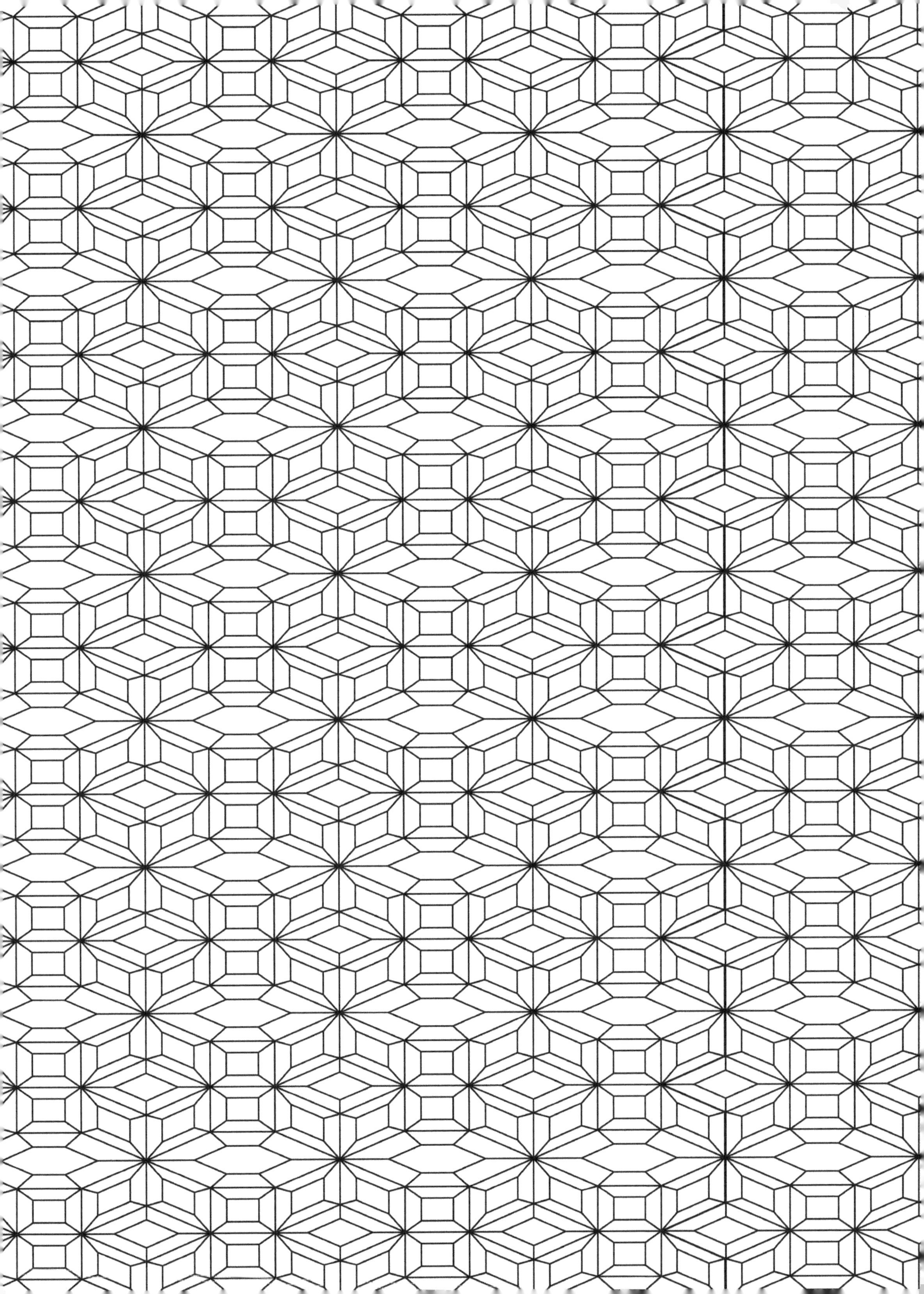

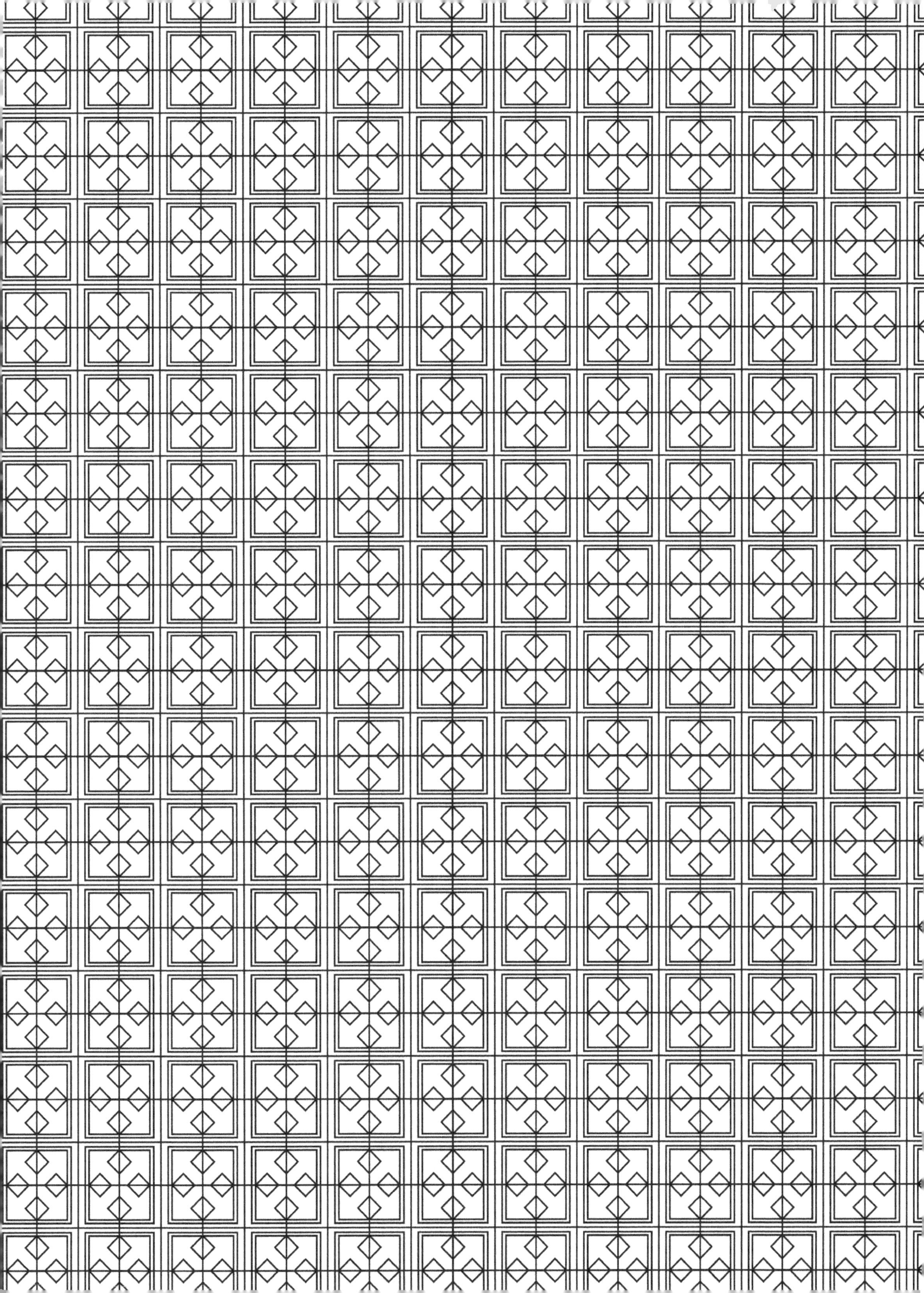

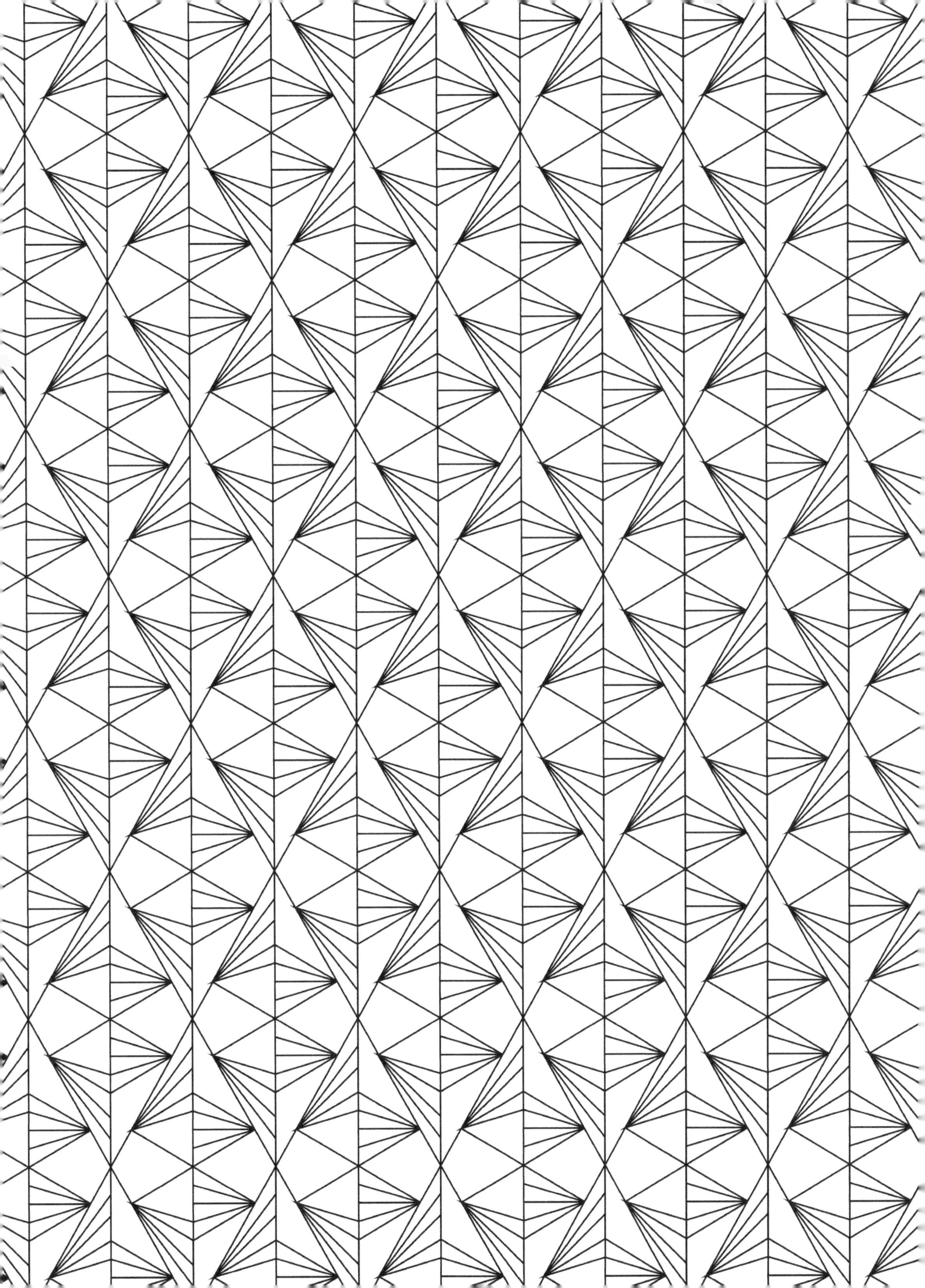

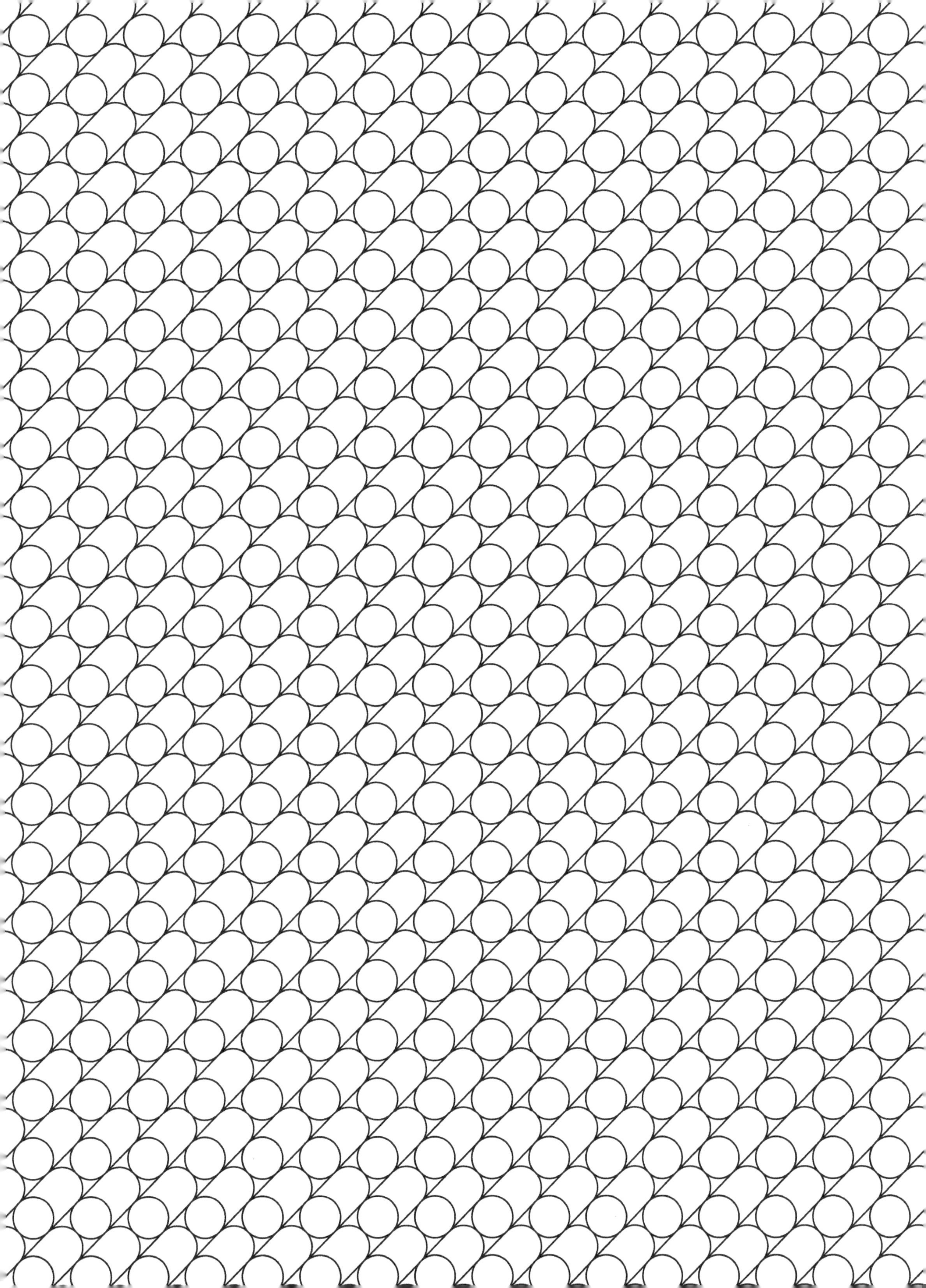

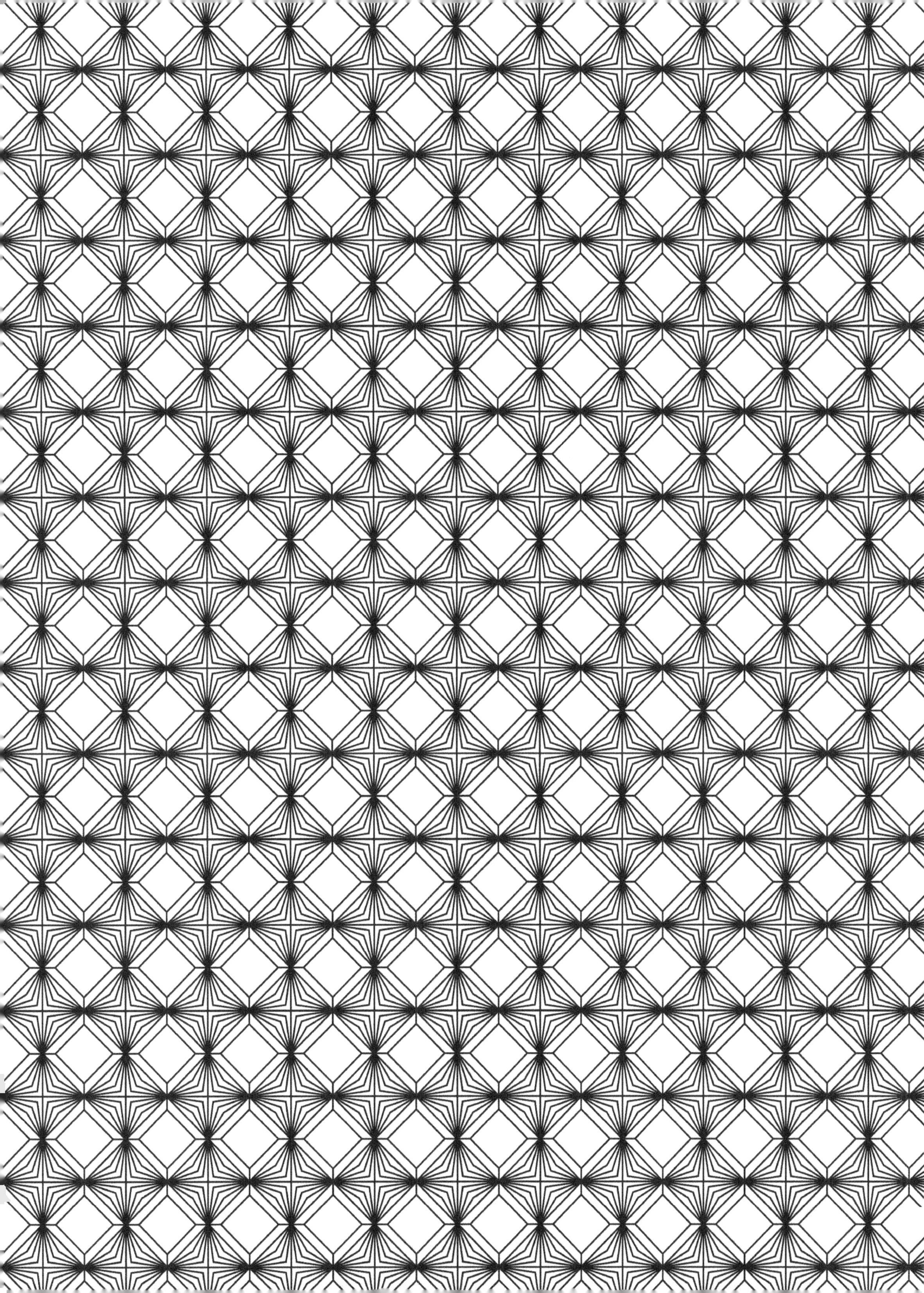

www.ingramcontent.com/pod-product-compliance
Lightning Source LLC
Chambersburg PA
CBHW082256270726
48657CB00033B/3489
* 9 7 8 1 7 1 7 0 5 4 9 5 1 *